AF562856

RICHESSE ET NOBLESSE

DES

TRAVAILLEURS

PAR

M. NICOLAS

CULTIVATEUR

Prix : 30 cent.

Se trouve

CHEZ WAGNER, IMPRIMEUR-LIBRAIRE

Rue du Manége, 7

ET CHEZ THOMAS ET PIERRON, LIBRAIRES

Rue Saint-Dizier, 112

A NANCY

RICHESSE ET NOBLESSE

DES

TRAVAILLEURS

NANCY. — IMP. DE SORDOILLET ET FILS,

3, Faubourg Stanislas, 3.

RICHESSE ET NOBLESSE

DES

TRAVAILLEURS

PAR

M. NICOLAS

CULTIVATEUR

Prix : 30 cent.

NANCY

DE L'IMPRIMERIE SORDOILLET ET FILS

RUE DU FAUBOURG STANISLAS, 3

1872

RICHESSE ET NOBLESSE

DES

TRAVAILLEURS

Dans un faubourg de la ville de Nancy habite un jardinier nommé *Valentin*, homme probe, intelligent et laborieux. Doué d'une heureuse mémoire et aimant les lectures sérieuses, il s'est amassé des connaissances assez étendues sur la religion et la philosophie, et il s'exprime avec une certaine facilité. Quelques ouvriers de son quartier ont l'habitude de se réunir chez lui et de s'entretenir des nouvelles du jour, de l'empire et de la république, du passé, du présent et de l'avenir. Nous allons reproduire quelques-uns de leurs entretiens.

Ier ENTRETIEN.

Pourquoi des pauvres et pourquoi des riches?

J'ai une excellente nouvelle à vous apprendre, dit un jour un serrurier nommé *Benoît*, le journal le *Progrès* nous annonce que dans peu il n'y aura plus de pauvres ; toutes les richesses, tous les biens seront possédés en commun, tous travailleront au profit de la communauté, et les administrateurs accorderont à chacun ce qui lui sera dû. C'est alors qu'on verra régner *l'égalité*, puisque personne ne possédera plus rien en propre. Nous n'aurons plus la douleur de rencontrer ces riches orgueilleux qui, du haut de leur grandeur, jettent sur nous des regards de dédain et foulent aux pieds les lois de la justice et de l'équité.

M. VALENTIN : Doucement, M. Benoît, point de colère ni de ressentiment ; s'il y a des riches orgueilleux, il y a des pauvres et des ouvriers qui ne le sont pas moins ; il y a du bon et du mauvais dans toutes les classes de la société. Votre journaliste ne parle pas sérieusement; et vous ne vous apercevez pas que toutes ses belles promesses ne sont que des chimères ; il trompe grossièrement ses lecteurs ; il sème la rancune et la haine dans le cœur des ouvriers, à une époque où tous les honnêtes gens devraient tout sacrifier à l'esprit d'union et de concorde. Son but, comme celui de tant de mauvais journaux, est de soulever les classes ouvrières contre tous ceux qui possèdent, afin de pouvoir s'enrichir par le vol et le brigandage. Avez-vous oublié les leçons qui vous ont été données en 93, et au mois de juin 1848 ?

Le grand Maître a dit : *Vous aurez toujours des pauvres parmi vous.* Ces paroles sont formelles et celui qui les a prononcées est la vérité même. Pensez-vous qu'il y ait un homme au monde qui puisse lui donner le démenti ?

M. Benoit : Il me semble néanmoins que mon journaliste n'a pas tous les torts ; car enfin vous avouerez que tout va de travers. Tandis que les riches regorgent de biens, les pauvres endurent les plus dures privations. N'est-il pas de toute justice que les biens soient également distribués entre tous les hommes ? D'où vient que la fortune appartient à ceux qui travaillent le moins et que les travailleurs végètent dans la misère ?

M. Valentin : Vous soulevez là un problème que tous les philosophes et tous les savants du monde ne pourront jamais résoudre. La doctrine catholique seule vous éclaircit ce mystère. Pourquoi y a-t-il des riches, et pourquoi y a-t-il des pauvres ? Pourquoi y a-t-il des scélérats qui possèdent des millions, et des hommes vertueux que la pauvreté et les travaux accablent ? Le voici : La nature humaine étant donnée, avec ses imperfections et ses mauvais penchants, avec la liberté de faire le bien ou le mal, c'est une nécessité qu'il y ait des riches et des pauvres, des pauvres vertueux et des riches vicieux. Il vous est aussi impossible d'empêcher l'inégalité de fortune que de refaire la nature humaine. Vous remarquez en effet une grande variété de talents et d'aptitudes parmi les hommes : les uns sont doués d'intelligence, et les autres en sont dépourvus ; ceux-ci ont un talent rare pour cultiver les arts libéraux, et ceux-là ne se plaisent que dans les travaux manuels. De là, la diversité de position dans la société. Ici, c'est un magistrat distingué qui s'est livré à l'étude des sciences et du droit, et en peu de temps il est parvenu aux premières dignités de l'Etat; son traitement est en rapport avec sa position sociale. Là, c'est un commerçant rempli d'activité et de savoir-faire, et dans l'espace de vingt-cinq ans il amasse plus d'un million de fortune. Plus loin, c'est un vaillant guerrier, il monte rapidement de grade en grade et devient un général distingué : l'Etat ne fait qu'un acte de justice en récompensant généreusement les services qu'il a rendus à la patrie.

M. Benoit : Je reconnais que les hommes dont vous me parlez ont acquis légitimement leur fortune ; mais pourquoi ne pas récompenser le simple soldat autant que le capitaine ? Les simples soldats ne concourent-ils pas autant que les officiers au gain de la bataille ?

M. Valentin : Il serait sans doute à désirer qu'on récompensât tous les dévouements ; mais cela est-il possible ? Il n'y en a pas que dans l'armée ; on en rencontre partout, chez les ouvriers, les domestiques et les servantes. Un budget de dix milliards ne suffirait pas. Pourquoi la pension d'un capitaine est-elle plus élevée que celle d'un soldat ? Parce que son poste est beaucoup plus important, et que pour le remplir honorablement il a fallu qu'il se livrât à des études sérieuses et pénibles Il n'en est pas ainsi des soldats et de la plupart des travailleurs ; il ne faut pas de longues études pour devenir cultivateurs, vignerons, jardiniers, maçons, charpentiers, serruriers, etc.; encore, ceux d'entre eux qui ont de la conduite finissent-ils par acquérir une certaine aisance.

M. Benoit : Il serait bien préférable d'établir un ordre de choses qui rendît tous les citoyens également participants à la fortune publique.

M. Valentin : Ce que vous dites est une utopie, c'est-à-dire une idée qu'on ne peut pas réduire en pratique ; elle est irréalisable. Supposez que l'Etat possède tous les biens et qu'il n'accorde pas plus à l'homme de talent ou de génie, ou au capitaine valeureux qu'au simple soldat et à l'ouvrier ignorant, quels sont les jeunes gens qui consentiront à consacrer les plus belles années de leur jeunesse à l'étude souvent si aride et si pénible des sciences et des arts ? Si les hommes qui gèrent les emplois publics reçoivent les mêmes salaires que les maçons ou les cordonniers, combien en trouverez-vous qui se détermineront à faire les sacrifices nécessaires pour remplir les fonctions les plus importantes de la société ? Ce serait une vraie folie de leur part. Et sans des hommes instruits, dévoués, faisant le sacrifice de leurs propres intérêts au profit de tous, que deviendrait la société ? Ce serait un vaisseau lancé dans la haute mer sans gouvernail et sans pilote ; il périrait dans quelques jours.

Donc, puisque les hommes n'ont ni le même degré d'intelligence, ni le même talent, ni la même aptitude, il faut qu'ils occupent différentes positions dans la société, et leur gain ou le prix de leurs journées varie d'après l'importance des services qu'ils rendent à la société et suivant l'estimation de la raison ou du bon sens. Les plus capables et les plus méritants gèrent les emplois les plus élevés, et les moins capables les arts mécaniques ; de là l'inégalité de la fortune.

Mais ce n'est pas tout ; pour établir et maintenir l'égalité de fortune, il faudrait encore préserver les hommes des maladies, de l'incendie, des inondations, de la famine et de tous les accidents qui les ruinent.

M. Benoit : Mais dans ce cas, les autres viendront à leur secours.

M. Valentin : Qui, les autres ? Mais si les autres, d'après votre supposition, n'ont que le nécessaire pour vivre, comment viendront-ils au secours des malheureux ? Et s'ils possèdent plus que le nécessaire, comment le saurez-vous ? Comment leur prouverez-vous qu'ils vous trompent ? Vous emparerez-vous de leurs biens pour les administrer vous-mêmes ? Où sera la liberté et le droit de propriété ? Si vous recourez à la confiscation, n'auront-ils pas le droit d'user de représailles, quand ils seront les plus forts ? et s'ils se défendent à main armée, voilà la guerre déclarée ; et combien de temps durera-t-elle ? Qui l'emportera sur le champ de bataille ? Que feront les vainqueurs ? Qui vous assure qu'ils ne s'adjugeront pas la plus grosse part ? Et comment les empêcherez-vous ? Par la force ? Il n'y a donc plus ni liberté, ni justice, ni moralité. C'est le règne du sabre ou de la force.

Mais si c'est le talent, le génie ou l'adresse des hommes qui les enrichit, les exploiterez-vous au profit de la communauté ? Et s'ils refusent de travailler, comment les contraindrez-vous au travail ? Un ouvrier qui excelle dans son art gagne plus que les autres, comment l'empêcherez-vous de s'enrichir ? Mettrez-vous un impôt sur son travail ? Comment connaîtrez-vous ses produits ? placerez-vous un employé d'octroi à sa porte ?

Sachez donc bien que lorsque vous aurez décrété que

les ouvriers ne travailleront plus pour eux-mêmes ou pour leurs familles, mais pour tous les individus qui constituent la nation, vous n'en rencontrerez pas dix qui veuillent se mettre à l'œuvre. Alors vous les ferez marcher à coups de fouet comme des bêtes de somme. Et c'est là le règne de la liberté qu'on nous promet depuis si longtemps ! mais c'est le règne de l'abrutissement. Qui donc voudra se ravaler au niveau des brutes ?

Ce n'est pas tout : s'il survient une peste qui fasse périr les hommes et les animaux domestiques, ou bien une inondation qui porte la désolation dans toute une province, ou bien une guerre interminable qui ruine tout un peuple, ou bien des nuées de sauterelles qui rongent les herbes et les plantes, s'il survient, en un mot, un de ces fléaux que Dieu tient en réserve dans les trésors de sa colère pour châtier les hommes, lorsqu'ils l'insultent ou le blasphèment, trouverez-vous un moyen de les soulager ? Forcerez-vous les autres provinces ou les autres peuples à venir au secours des victimes du fléau ? S'ils s'obstinent, leur déclarerez-vous la guerre ? Ne sera-ce pas un nouveau fléau ajouté aux autres, sans qu'on puisse en prévoir la fin ?

M. Benoit : J'avoue que ce système rencontrera quelques difficultés dans la pratique ; mais il en est de même de tout progrès.

M. Valentin : S'il ne s'agissait que de *difficultés*, on pourrait chercher à les résoudre : mais ce sont ici de véritables *impossibilités*. Trouverez-vous jamais le moyen de ne plus voir dans ce monde ni un imbécille, ni un manchot, ni un estropié, ni un malade, ni la peste, ni la guerre, ni la famine ? Empêcherez-vous les rivières de déborder ?

Pourrez-vous jamais bannir de la société les sept péchés capitaux ? Et cependant cela serait nécessaire pour établir et conserver l'égalité de fortune. Voici deux ouvriers aussi capables l'un que l'autre ; l'un aime le travail et l'autre le fuit ; l'un est sobre et l'autre intempérant ; l'un se contente d'une nourriture simple et frugale, et l'autre aime la bonne chère ; l'un est prévoyant et fait des économies pour les temps malheureux, l'autre vit au jour le jour, sans se préoccuper des besoins de l'avenir. N'est-ce pas là ce que nous avons sous les yeux ? Le premier ouvrier jouit d'une certaine aisance, et il est heureux, parce qu'il sait modérer ses désirs. Le second est dans l'indigence ; il souffre de toutes manières et tous les membres de sa famille sont plongés dans la peine et dans la douleur. Afin d'établir l'égalité priverez-vous l'ouvrier laborieux d'une partie de ses économies pour en gratifier le paresseux ? Ce serait un singulier moyen d'encourager les hommes au travail ! enlever aux travailleurs des épargnes qu'ils ont amassées à la sueur de leur front pour les partager entre des fainéants. C'est une prime d'encouragement accordée à la paresse et au libertinage.

Mais pourquoi s'enrichir aux dépens d'autrui, lorsqu'on peut si facilement s'enrichir soi-même ?

M. Benoit : Vous voulez sans doute nous envoyer en Californie ?

M. Valentin : Il n'est pas nécessaire d'aller aussi loin pour trouver de la fortune ; elle est à notre porte, nous n'avons plus qu'à lui ouvrir et à lui dire d'entrer. Ecoutez bien, voici le secret : il est infaillible, vous en conviendrez vous-même. Prenez tous les péchés capitaux qui sont dans votre maison: il est vraisemblable que vous ne serez pas obligé de faire quelque emprunt; mettez-les dans un mortier, broyez-les jusqu'à ce qu'ils soient réduits en poudre, vous en verrez sortir de l'or.

En effet, si vous bannissez d'une famille tous les péchés capitaux pour y faire régner toutes les vertus chrétiennes, soyez convaincu qu'on y fera de grandes économies. Qu'est-ce donc qui ruine les maisons, si ce n'est l'ambition, la vanité, le luxe, la gourmandise, l'intempérance, la paresse, le libertinage? Elevez sur la ruine de ces vices le règne des vertus chrétiennes, de la foi, de la confiance, de la charité, de la simplicité, de la modestie, de la sobriété, de l'amour du travail, de la tempérance, de la chasteté, et bientôt la pauvreté sera bannie de ce monde. Il faut bien le reconnaître, si vous voyez un si grand nombre d'ouvriers tomber dans l'indigence, c'est qu'ils en prennent le chemin et qu'ils y marchent rapidement. Les enfants sont vêtus comme des princes et des duchesses; tandis que les pères de famille célèbrent chaque semaine la Saint-Lundi avec le lendemain, les jeunes gens sont au café et les jeunes filles se promènent pour faire admirer leur beauté et leurs charmes. Et il faut que tout scit en harmonie: on voit paraître sur la table le gibier, la volaille, des mets très-recherchés.

Considérez, au contraire, ce qui se passe chez l'ouvrier chrétien. Le père de famille travaille chaque jour de la semaine, la mère s'occupe de son ménage et de ses enfants; on voit régner partout l'ordre et la propreté. Les enfants fréquentent l'école ou sont à l'apprentissage. La nourriture est commune, mais substantielle; les vêtements simples, mais convenables. Les jours de dimanche et de fêtes sont sanctifiés ; toute la famille se trouve réunie, la joie rayonne sur tous les visages, et l'on ne peut s'empêcher de dire que le bonheur est là, ou il ne se trouve nulle part. Et c'est le seul moyen pour les ouvriers d'acquérir une certaine aisance qui les mette hors du besoin. Sortez de là, et vous ne rencontrez plus que le trouble, le désordre, l'immoralité, les querelles et la guerre partout, la pauvreté, la ruine, la mort. Comprenez-vous que, pour établir l'égalité de fortune dans la société, il faut en bannir tous les défauts et tous les vices? Si vous en laissez un seul, votre prétendue égalité disparaîtra pour toujours.

M. Benoit : Ce n'est pas ainsi que nous l'entendons ; la nouvelle société sera constituée sur des bases nouvelles. Je vous l'ai dit, personne ne possédera ni argent ni terres, tout appartiendra à la communauté et rien à personne, à peu près comme cela se pratique dans les ordres religieux. Chacun travaillera selon son aptitude et ses forces au profit de la communauté. Il y aura des économes pour gérer les biens, pour faire entrer les fonds dans une caisse commune et pour fournir à chacun les choses dont il aura besoin.

M. Valentin : On conçoit qu'il se forme des communautés d'hommes et de femmes célibataires qui font les trois vœux de pauvreté, de chasteté et d'obéissance, et qui les observent fidèlement; nous en avons une foule d'exemples sous les yeux. Mais que vous fondiez des communautés semblables composées de familles, c'est ce qu'on n'a jamais vu et ce qu'on ne verra jamais. Vous supposez toujours que tous les membres de cette nouvelle institution seront sages comme des anges. Mais s'il y a des paresseux qui ne veulent pas travailler, des caractères indépendants qui secouent le joug de l'obéissance, des économes qui volontairement se trompent de caisse, des libertins qui aient recours à la violence pour satisfaire leurs passions brutales; — si, en un mot, vous voyez se reproduire tous les désordres et tous les crimes qui ébranlent aujourd'hui la société jusque dans ses fondements, il faudra établir des prisons, des tribunaux, des juges, avec tous les moyens de répression indispensables pour maintenir l'ordre et la tranquillité. Les sexes seront-ils séparés l'un de l'autre ? Il n'y aura donc plus de famille, — tous garderont le célibat. Cela est-il possible ? Les sexes seront-ils mêlés et confondus ? Quelle épouvantable immoralité !

Mais avant de lancer la société dans cette voie nouvelle, dites à vos philosophes de faire l'essai de leurs savantes théories dans un hameau d'abord, puis dans une ville, dans un département, et enfin dans le pays tout entier. C'est à l'œuvre que nous les attendons. Au reste, nous les connaissons suffisamment; ils nous ont donné plus d'une fois des preuves de leur capacité et de leur savoir-faire. Que le ciel nous en préserve à l'avenir !

Ne dites donc plus : « Pourquoi des riches et pourquoi des pauvres ? » C'est une conséquence nécessaire et inévitable de la nature humaine telle qu'elle existe aujourd'hui. Vouloir qu'il n'y ait plus ni riches ni pauvres, c'est vouloir refaire la nature humaine en lui ôtant tous ses défauts. Est-ce possible ? Les hommes en sont-ils capables ? La religion catholique avec toute sa vertu, ses sacrements, ses menaces et ses promesses, ne peut corriger complétement la société de tous les vices qui la minent, encore qu'elle parvienne à réformer les hommes de bonne volonté; croyez-vous donc que la parole de l'homme et que des doctrines humaines qui n'ont jamais converti un seul pécheur seront plus puissantes et plus efficaces que la parole de Dieu ? Ne voyez-vous donc pas qu'entreprendre d'établir la *commune* ou la communauté des biens, comme vous l'entendez, c'est vouloir changer les lois de la nature, faire remonter les rivières et les fleuves vers leurs sources, empêcher le soleil de dessécher la terre et de brûler les moissons, et la terre de produire des chardons, des ronces et des épines ? Une telle entreprise n'est pas seulement une folie, c'est le plus grand des crimes que l'homme puisse commettre, c'est détruire tout droit, toute justice, toute liberté, toute moralité et toute vertu; c'est pervertir l'homme et l'abrutir, ou le traiter comme s'il n'était qu'une brute.

IIe ENTRETIEN.

Le travail doit être rémunéré dans une autre vie.

M. Valentin : Supposez qu'un savant de premier ordre prétende qu'il y aurait une grande utilité à niveler tout le territoire français et qu'il fasse partager ses idées à la multitude. Si ce projet pouvait se réaliser, qu'arriverait-il? Il n'y aurait plus ni sources, ni rivières, ni fleuves, mais un vaste désert sec et aride et tout à fait stérile. — Pourquoi avons-nous des vallées si riches et si fertiles?

Parce qu'elles sont arrosées par les rivières ou les fleuves qui jaillissent des flancs des montagnes. Les riches dans la société ressemblent donc aux montagnes dans la nature. Lorsqu'ils sont chrétiens, ils répandent de tous côtés l'abondance et la fécondité. Mais si vous faites disparaître les riches, les pauvres périront de misère, d'ignorance et d'immoralité. La société sera aussi un vaste désert habité par des bêtes féroces. Les hommes s'égorgeront les uns les autres.

M. Benoit : Vous nous parlez de justice, comme s'il y avait de la justice dans ce monde ! Est-il juste que je sois accablé de misère, tandis que mon voisin coule ses jours dans les délices ? Qu'a-t-il fait pour mériter une vie si commode? N'ai-je pas autant de droit que lui d'être riche?

M. Valentin : Vous êtes pauvre, Monsieur Benoît, pour plusieurs raisons; vous n'avez rien hérité de vos parents, et votre travail suffit à peine pour l'entretien de votre famille. Votre voisin possède un riche patrimoine. Pourquoi votre père est-il mort pauvre ? A-t-il dissipé son avoir, ou a-t-il éprouvé des revers ? Les ancêtres de M. André ont-ils hérité d'une riche succession, ou bien ont-ils été heureux dans le commerce ? Je l'ignore et je ne désire pas le savoir. Les riches sont obligés de faire un bon usage de leurs richesses ; toutefois, ils ne doivent en rendre compte qu'à Dieu. Le devoir des pauvres est de travailler pour se procurer les choses nécessaires à la vie et, si le travail est insuffisant, de prier les âmes charitables de leur venir en aide.

Vous prétendez avoir autant de droit d'être riche que tout autre? Que voulez-vous dire? Que vous avez le droit de partager les biens des riches ? D'où vous viendrait-il ? Si vous l'aviez, tous les ouvriers, tous les indigents auraient le même droit que vous, et adieu le droit et la propriété ; c'est l'anarchie la plus complète.

M. Benoit : N'est-ce pas une grande injustice que presque tous les travailleurs gémissent dans la misère, tandis que ceux qui ne font rien jouissent de tous les biens de ce monde ?

M. Valentin : L'apôtre saint Paul vous en donne la raison : si nous n'avions d'espoir que dans ce monde, nous serions les plus malheureux des hommes. Mais dès lors que nous reconnaissons l'existence d'un Dieu infiniment parfait, par conséquent bon, sage et juste, il faut que toutes les injustices soient punies et réparées, et, ne l'étant pas dans ce monde, il faut qu'il y en ait un autre où chacun reçoive selon ses œuvres. C'est précisément cette inégale distribution des biens qui prouve jusqu'à l'évidence que notre existence ne se borne pas à ces quelques jours que nous passons si misérablement sur cette terre, mais qu'elle doit se prolonger au delà de la tombe : la sagesse, la bonté et la justice de Dieu l'exigent.

M. Benoit : Comment cela ?

M. Valentin : Un législateur est-il sage, lorsqu'il porte des lois sans y ajouter une sanction, c'est-à-dire sans décerner des peines contre les transgresseurs de la loi ? Mais tous se moqueraient de lui et de ses lois. Qui payerait ses contributions, si l'on pouvait s'en dispenser impunément ? Qui respecterait le bien d'autrui, si l'on ne punissait pas les voleurs ? Or, Dieu ayant établi une différence essentielle entre le bien et le mal et ordonné aux hommes de faire le bien et d'éviter le mal, doit nécessairement récompenser les fidèles observateurs de ses lois et punir les infracteurs. Remarquez-vous que dans ce monde les premiers soient toujours récompensés et les seconds punis ? Il s'en faut bien ; les bons sont souvent victimes de leur probité, de leur confiance : tandis que les méchants emploient tous les moyens, justes ou injustes, pour se procurer les biens de ce monde. Ceux-ci obtiennent les richesses, les honneurs et les plaisirs, et ceux-là ont en partage les travaux, les privations, les mépris et les souffrances. Si Dieu récompensait toujours la vertu dans ce monde et punissait toujours le vice, ne serions-nous pas tentés de croire qu'il n'y a d'autre vie que la vie présente ? Cependant, Dieu récompense quelquefois les bons et punit quelquefois les méchants, afin de nous convaincre que le monde n'est point abandonné au hasard, mais qu'il y a une Providence, c'est-à-dire un Dieu qui dirige tout et gouverne tout avec sagesse et intelligence. Donc, que les grands de la terre, les riches et les puissants se mettent souvent au-dessus des lois divines et humaines, qu'ils accablent les pauvres, les ouvriers et les domestiques, n'en soyez point scandalisés : Dieu permet qu'il en soit ainsi pour éprouver ses fidèles serviteurs et leur faire mériter une grande récompense dans le ciel. Patience : au sortir de ce monde, ces grands scélérats tombent entre les mains de Dieu et reçoivent le châtiment dû à leurs crimes, tandis que les justes obtiennent la récompense de leurs vertus. Le monde présent est un monde renversé; c'est pourquoi l'Evangile nous dit que dans l'autre les premiers seront les derniers et les derniers seront les premiers.

Ce n'est pas tout : un maître serait-il juste, s'il traitait également ceux de ses serviteurs qui méprisent ses ordres et ceux qui les exécutent ? Un père de famille serait-il juste, s'il accordait une plus grande part de ses biens à ceux de ses enfants qui le méprisent et l'insultent ? Or, si tout se bornait à la vie présente, les méchants, les violateurs de la loi de Dieu seraient le plus généreusement récompensés, puisque ce sont eux qui obtiennent ordinairement les biens, les honneurs et les plaisirs dans ce monde ; et les justes n'auraient d'autre récompense que les peines, les combats et les sacrifices attachés à la pratique de la vertu. Dieu ne serait-il pas souverainement injuste ? Il y a donc une autre vie où toutes les injustices de ce monde seront punies et réparées.

Enfin, que Dieu nous ait créés pour le bonheur, personne ne le nie ; il a mis dans le cœur de tous les hommes un désir irrésistible pour le bonheur ; c'est pourquoi ils le poursuivent, bon gré mal gré. Mais puisqu'aucun bien créé ne peut combler l'immensité du cœur de l'homme, que rien ne saurait le satisfaire, ni la science, ni les richesses, ni les honneurs, ni les plaisirs, n'est-il pas nécessaire qu'il y ait une autre vie où les justes obtiennent le parfait bonheur ? Autrement Dieu serait cruel ; en inspirant aux hommes un désir invincible de bonheur qui ne peut être comblé dans ce monde, ce désir ne serait plus qu'un tourment perpétuel et sans aucun motif.

M. Pierre : Vos raisonnements me paraissent solides ; mais d'où vient qu'il y a tant de chrétiens qui ne croient pas à l'existence de cette autre vie ?

M. Valentin : Il y en a moins que vous ne pensez ; mais, malheureusement absorbés par les choses terrestres, la plupart vivent et raisonnent comme si tout finissait à la mort. Mais la croyance à l'immortalité de l'âme est le fondement de toutes les religions ; dans tous les temps et dans tous les pays, tous les peuples, même les plus sauvages, ont cru à l'existence du paradis et de l'enfer. Que Jésus-Christ, Dieu et homme tout ensemble, ait paru dans ce monde et soit mort pour racheter le genre humain, tout l'univers catholique le proclame. Mais comment aurait-il racheté le monde, si l'âme n'était pas immortelle?

M. Benoit : Je ne comprends pas encore pourquoi je suis obligé de passer ma vie accablé des plus durs travaux, tandis que mon voisin savoure tous les délices.

M. Valentin : Rien ne me semble plus facile à saisir : s'il n'y a pas d'autre vie, il n'y a pas d'autre paradis que la fortune, ni d'autre enfer que la pauvreté ; si tout finit à la mort, notre premier devoir est de nous rendre heureux sur la terre, peu importe par quels moyens ; rendons-nous la vie aussi agréable que possible, volons, tuons, massacrons, associons-nous pour combattre les riches et nous emparer de leurs biens ; si nous sommes les plus forts, nous serons aussi les plus heureux, et par là même les plus vertueux. L'homme qui se débarrasse par un coup de revolver d'un rival dangereux n'est pas plus coupable que le voyageur qui tue l'ours ou le lion qui s'avançait pour le dévorer.

M. Pierre : Quelles horribles conséquences vous tirez-là !

M. Valentin : Elles sont très-légitimes : ôtez de ce monde l'espérance chrétienne, et vous ouvrez la porte à tous les crimes. Le monde n'est plus qu'un vaste champ de bataille où tous les hommes s'égorgeront les uns les autres pour jouir des biens de la terre; et, comme ces biens ne sauraient les satisfaire, ce sera un massacre général et perpétuel.

M. Benoit : Permettez-moi de vous dire qu'il y a des hommes qui me paraissent très-heureux, par exemple les savants ; ils jouissent de tous les plaisirs de l'esprit, et ils sont très-estimés dans le monde ; j'envie leur bonheur.

M. Valentin : La science est, à la vérité, un don inappréciable ; elle éclaire l'intelligence, développe la raison, nourrit l'esprit, réjouit le cœur ; mais, hélas ! trop souvent l'homme abuse de la science, et, au lieu de l'éclairer, elle l'aveugle en le remplissant d'orgueil ; elle pervertit l'esprit et corrompt le cœur.

Mais remarquez que la science ne satisfait pas complétement l'esprit même de ceux qui en font un bon usage, parce que, au fond des vérités qui paraissent les plus évidentes, il reste toujours quelque chose d'obscur et de mystérieux ; de là, le tourment de l'esprit humain qui voudrait tout approfondir. Le plus savant des hommes ne connaîtra jamais dans ce monde ce que c'est que l'essence même de l'âme, du feu, de la lumière, de l'électricité et même de la matière que nous foulons aux pieds. Plus il acquiert de science, plus il aperçoit de mystères, même dans la nature. S'il n'a pas assez d'humilité pour soumettre sa raison à la grande autorité de l'Eglise catholique, il tombe dans les plus grossières erreurs et il adore ses propres pensées.

D'ailleurs, puisqu'il n'y a qu'un très-petit nombre d'hommes capables d'acquérir la science, quand même elle les rendrait heureux, ce ne peut être la fin de l'homme, puisque tous ne peuvent l'atteindre.

M. Benoit : Et que direz-vous de tous ces grands personnages, tels que les préfets, les députés, les ministres, et ceux qui occupent des postes très-élevés; ne sont-ils pas heureux? Ils sont estimés et honorés de tout le monde. N'est-ce pas là un grand bonheur?

M. Valentin : C'est sans doute une gloire d'être revêtu d'une haute dignité. Mais n'oubliez pas que tout supérieur qui veut rendre son autorité respectable et aimable doit commencer par respecter lui-même toute autorité qui lui est supérieure, c'est-à-dire par observer toutes les lois divines et humaines, puis s'immoler et se sacrifier pour ses inférieurs. Sa vie ne doit être qu'une vie d'abnégation et de dévouement. C'est à cette condition qu'il sera estimé, honoré et aimé. Si, au contraire, il ne recherche que ses avantages personnels, il sera détesté et méprisé.

Ne savez-vous pas, au surplus, que tous ces hauts dignitaires qui mettent leur bonheur dans la gloire et les honneurs sont dévorés d'ambition? Ils sont tourmentés sans cesse du désir de monter plus haut, et, s'ils arrivent aux premières dignités, ils fomentent des révolutions pour s'emparer du souverain pouvoir. Sont-ils rois ou empereurs? Leur ambition n'est point satisfaite; ils veulent étendre les limites de leur royaume ou de leur empire; ils entreprennent des guerres désastreuses, répandent des fleuves de sang et meurent abhorrés du genre humain.

Si la gloire humaine était le bonheur que Dieu réserve aux hommes, il faudrait que tous pussent l'obtenir. Avez-vous des emplois et des dignités pour tous les hommes? Quelle gloire pourront jamais obtenir les cultivateurs, les vignerons, les jardiniers, les ouvriers et les domestiques? Quelle gloire aurez-vous pour l'autre moitié du genre humain, pour les femmes et pour les filles dont la destinée est de s'occuper de l'intérieur de la famille et de vivre inconnues au monde ?

Enfin, cette gloire si vaine, si inconstante, si peu capable de remplir le cœur, ne dure qu'un moment; elle se dissipe comme la fumée que le vent emporte. C'est un habile diplomate, mais il meurt comme les autres hommes : tous les journaux publient ses louanges; et trois jours après, silence absolu.

M. Benoit : Avouez au moins que les riches sont heureux ; ils ne travaillent que pour se distraire ; ils ne songent qu'à varier leurs plaisirs ; le chemin de la vie pour eux est tout parsemé de fleurs ; chaque jour amène une nouvelle fête ; aujourd'hui au spectacle, demain une partie de chasse, le jour suivant un festin ; tout leur sourit ; une foule d'amis les environnent, chantent leurs louanges et s'empressent de leur rendre service.

M. Valentin : Si les riches sont heureux comme vous le dites, il s'ensuit que Dieu n'est pas le Dieu des pauvres, mais seulement des millionnaires. Pourquoi n'a-t-il pas créé des richesses pour tous les hommes ?

Et parmi les riches, combien pensez-vous qu'il y en ait d'heureux ? Infiniment peu. Ils veulent augmenter sans cesse leur fortune : de l'argent, de l'or, et toujours de l'or. Il y a au fond de leur cœur une insatiable cupidité qui ne leur laisse pas un seul instant de repos. Un homme que je pourrais vous nommer se désolait et se lamentait chaque jour ; il n'avait que cent mille francs de revenus, et il était dans la gène ; il lui aurait fallu deux cent mille francs pour être un peu à l'aise. Je sollicitais un jour une aumône au profit d'une œuvre de bienfaisance près d'un homme qui a au moins sept cent mille francs de rente ; il a pris la peine de m'écrire une lettre de trois pages pour me dire qu'il regrettait beaucoup de ne pouvoir rien donner, il avait trop de charges.

Il en est sans doute qui se contentent de leur fortune ; mais ils désirent mille choses qu'ils ne peuvent se procurer à prix d'argent, et ce sont les désirs qui tourmentent les hommes et les rendent malheureux. Les richesses, pas plus que les honneurs, ne nous garantissent des jalousies, des soucis, des maladies, des perfidies, des trahisons, des revers de fortune. L'un perd une épouse adorée, l'autre un fils unique idolâtré ; celui-ci n'a qu'un enfant qui l'abreuve d'amertume, qui fait sa honte et son désespoir ; celui-là meurt l'année même où il se retire des affaires avec cinq ou six cent mille francs de fortune, après avoir vu mourir ses deux enfants, laissant tous ses écus, qu'il a amassés aux dépens de son repos et peut-être de sa conscience, à des collatéraux qui se moquent de lui.

Et en supposant que les riches soient heureux, combien de temps le seront-ils ? Quelques années qui s'écoulent avec la rapidité du fluide électrique ; la vie n'est qu'un point imperceptible en quelque sorte entre le berceau et la tombe. Rappelez-vous quelques-uns de vos jours les plus heureux ; que vous en est-il resté le lendemain ? Un souvenir.

M. Benoit : Et que direz-vous donc des plaisirs ?

M. Valentin : Il y a deux sortes de plaisirs : ceux que procure la pratique constante et fidèle des devoirs religieux, et ceux qu'on recherche en dehors de la religion. Contemplez un enfant le jour de sa première communion, lorsqu'il s'y est bien préparé. Quel bonheur ! quel ravissement ! quelle ivresse ! quelle félicité inexprimable ! Quel doux plaisir n'éprouve pas l'homme riche et compâtissant, lorsqu'il a soulagé de nobles infortunes ? Quel beau jour, quel jour de bonheur pour un chrétien que celui où, prosterné aux pieds du ministre de Dieu, il a fait courageusement l'aveu de longs égarements et a reçu le pardon de ses fautes ! Ce sont là des jouissances véritables, pures, vives, ineffables ; c'est un avant-goût du bonheur du ciel.

Mais en dehors de ces fêtes du cœur, que trouvez-vous ? Des plaisirs qui flattent l'orgueil, la vanité, l'amour-propre, la cupidité, et toutes les petites passions dont nous sommes pétris et dont nous devenons les esclaves. Faut-il vous parler des plaisirs des sens ? C'est la félicité de la brute. Y a-t-il rien qui avilisse plus l'homme ? Mais les plaisirs des sens détruisent l'intelligence, dessèchent et corrompent le cœur, ruinent la santé, abrutissent l'homme tout entier. Ceux qui s'y abandonnent descendent au-dessous des païens ; car les païens considéraient comme des pourceaux ceux qui faisaient consister le bonheur dans les plaisirs des sens, et les appelaient le *troupeau d'Epicure*.

M. Benoit : Ne dirait-on pas que Dieu se joue de nous ? Il nous fait éprouver une soif insatiable de science, de grandeur, de gloire, de richesses et de plaisir, et nous ne trouvons ni source, ni rivière, ni fleuve qui puisse étancher cette soif.

M. Valentin : C'est, au contraire, un effet de sa bonté infinie pour nous. Si nous trouvions le bonheur ici-bas, nous vivrions sans aucun souci de l'avenir ; mais ne trouvant rien qui puisse remplir le vide immense de notre cœur, nous sommes comme forcés de nous retourner vers Dieu et de rechercher le bonheur en lui.

Mais pourquoi sommes-nous si avides de grandeur et de gloire, de richesses et de plaisir ? Parce que Dieu a voulu nous faire sentir au fond du cœur que nous sommes destinés à posséder ces grands biens, non pas en ce monde, mais en l'autre. De plus, il veut que nous soyons les fils de nos œuvres, ou que par notre conduite nous méritions cette magnifique récompense. De cette sorte, la vie présente n'est qu'une préparation à l'éternité ; nous semons sur la terre, pour moissonner dans le ciel ; nous semons dans les larmes et nous récolterons dans la joie. Nous sommes créés pour travailler et pour souffrir en ce monde, pour nous reposer et jouir dans l'autre. De cette manière, tout s'explique parfaitement, et au lieu de murmurer contre les désordres du monde et les injustices des hommes, mettons, comme tous les saints, notre gloire dans l'humiliation, notre richesse dans la pauvreté et nos plaisirs dans la souffrance.

M. Pierre : Ceci me semble paradoxal : mettre sa gloire dans l'humiliation, sa richesse dans la pauvreté et ses plaisirs dans la souffrance. Je n'y comprends rien.

M. Valentin : Rien ne me paraît plus naturel ; l'homme rempli d'orgueil avait dit à Dieu comme Satan : « Je m'asseoirai sur le trône de Dieu ; je serai semblable au Très-Haut. » Ces paroles ont retenti dans le cœur du Fils de Dieu, et il est descendu du ciel et il a dit à l'homme : « Tu pousses l'ambition jusqu'à mépriser la dignité royale ou impériale ; tu veux être semblable au Très-Haut et t'asseoir sur le trône de Dieu ; j'y con-

sens, mais à la condition que tu pratiqueras les vertus d'humilité, de pauvreté et de mortification. »

Les gens du monde admettent ces conditions et de plus dures encore; qu'on leur dise de descendre pour monter, et vous les verrez ramper devant les grands et devant les petits pour s'élever ensuite. N'avez-vous pas été souvent édifiés de l'humilité des candidats à la députation, lorsqu'ils mendiaient les suffrages des électeurs ? Qu'un ange vienne dire de la part de Dieu aux habitants de cette ville : « Je suis chargé d'examiner votre conduite pendant un an, et, à la fin de l'année, je présenterai à Dieu la liste des hommes les plus humbles, et il a promis de leur accorder les dignités les plus élevées, et le poste sera d'autant plus honorable que l'humilité aura été plus profonde, et ils posséderont leur grandeur et leur gloire pendant des milliards de siècles ». Si tous étaient bien convaincus que Dieu accomplirait cette promesse, vous verriez tous les habitants s'efforcer à l'envi d'être plus humbles les uns que les autres. La plupart, n'osant plus se mêler à la foule des fidèles ni entrer dans les églises, resteraient à la porte, la cendre sur la tête, implorant la charité de ceux qui assisteraient aux offices, en leur disant : « Nous ne sommes que de malheureux pécheurs, priez pour nous. » Et si ces derniers leur répondaient d'un ton sévère : « Retirez-vous, paresseux, orgueilleux, menteurs, gourmands, hypocrites, vauriens que vous êtes ! » Au lieu de s'irriter, ils répondraient avec une grande humilité : « Vous avez raison ; si vous nous connaissiez tels que nous sommes, vous ne pourriez plus nous supporter, vous nous cracheriez à la figure, vous nous chasseriez dans les forêts avec les bêtes sauvages; et ce serait justice. » Et si l'on continuait à les insulter, à les couvrir de mépris, ils s'en réjouiraient intérieurement, dans l'espoir d'obtenir plus de gloire que les autres.

M. PIERRE : D'où vient donc que nous avons tant de répugnance pour les mépris et les humiliations ?

M. VALENTIN : De ce que nous ne savons pas les apprécier. Notre-Seigneur, qui en connaissait la valeur, en a fait le plus grand cas. Mais nous manquons de foi, nous ne croyons pas assez fermement que ceux qui auront été le plus méprisés, le plus humiliés dans ce monde, auront d'autant plus de gloire dans l'autre, suivant cette parole : Celui qui s'abaisse sera élevé.

M. PIERRE : Ce que vous dites là me paraît très-juste : si nous étions bien convaincus que plus nous serons humbles sur la terre, plus nous aurons de gloire dans l'éternité, personne ne voudrait plus être préfet, ministre, député, empereur ou roi; et l'on se disputerait à l'envi l'honneur d'être simple soldat, domestique ou casseur de pierres sur la route. Mais dites-moi comment placerions-nous notre richesse dans la pauvreté?

M. VALENTIN : Nous désirons les richesses comme nous désirons la grandeur et la gloire; c'est qu'en effet Dieu nous a créés pour être riches, et infiniment riches; c'est pour ce motif que nous sommes si avides d'entasser trésors sur trésors; mais nous ne serons mis en possession des biens infinis de Dieu, qu'autant que nous aurons pratiqué la vertu de pauvreté sur la terre.

Supposons que Jésus-Christ paraisse sur la place publique et dise : Si vous voulez vivre pauvrement seulement une année, je vous ferai millionnaires; mais j'ac-

corderai plusieurs millions à ceux qui auront pratiqué plus parfaitement que les autres la pauvreté; et une fois en possession de cette fortune, tous vos désirs seront satisfaits pendant vingt milliards de siècles.

Si tous étaient convaincus que cette promesse s'accomplirait, tous voudraient avoir l'honneur de vivre plus pauvrement les uns que les autres; ils ne voudraient plus ni or, ni argent, ni vêtement, ni meubles somptueux; la pauvreté régnerait partout, dans les maisons, dans les habits, dans le mobilier, dans les repas. Or, Dieu est beaucoup plus généreux encore, puisqu'il met en possession de ses biens infinis ceux qui, par amour pour lui, sont pauvres dans ce monde; et les plus pauvres sur la terre seront les plus riches dans le ciel.

M. Benoit : Nous ferions donc bien de ne plus rien posséder dans ce monde; mais alors que deviendront les biens de la terre?

M. Valentin : Notre-Seigneur engage ceux qui veulent être parfaits à se défaire de tous leurs biens par amour pour lui; mais ce n'est qu'un conseil; tandis qu'il fait un précepte à tous les chrétiens de pratiquer la vertu de pauvreté.

M. Benoit : Qu'est-ce que vous entendez par la vertu de pauvreté?

M. Valentin : La vertu de pauvreté est le détachement d'esprit et de cœur de tous les biens de ce monde. Notre-Seigneur ne s'est pas contenté de dire : Heureux les pauvres, parce que le royaume des cieux leur appartient; il a ajouté un petit mot qui dit beaucoup : Heureux les pauvres *d'esprit* ou *en esprit*, ce qui veut dire, heureux ceux qui sont détachés de toute affection aux richesses. Et de même lorsqu'il dit encore : Malheur aux riches! Cela ne veut pas dire malheur à tous ceux qui possèdent de grands biens, mais malheur à ceux qui sont attachés aux richesses. Il y a donc des riches de fait qui pratiquent la vertu de pauvreté, et qui sont compris dans cette première béatitude; comme il y a une multitude de pauvres qui désirent ardemment les richesses; ils ne pratiquent point la vertu de pauvreté, et ils sont compris dans la malédiction de Jésus-Christ, lorsqu'il dit : Malheur aux riches! Ainsi le saint homme Job possédait de grandes richesses, et il était pauvre selon l'Évangile; il n'était nullement attaché à ses richesses, puisqu'au moment où il perd tout, même ses propres enfants, il dit : Le Seigneur m'a tout donné, le Seigneur m'a tout ôté, que son saint nom soit béni. Je pourrais vous citer un grand nombre de saints qui ont vécu pauvrement, tout en possédant de grandes richesses. Et tous les jours vous entendez des ouvriers, des domestiques, des pauvres qui expriment de très-vifs regrets de n'être pas riches, afin de se procurer une vie plus douce et plus commode. Ils ne comprennent pas que de pareils sentiments leur font perdre tous les bénéfices de leur état de pauvreté, outre que leurs désirs et leurs vœux sont tout à fait inutiles, puisqu'ils ne se réalisent pas. Ils courent grand risque d'être pauvres dans ce monde et dans l'autre. N'est-ce pas une vraie folie de leur part? Il leur serait si facile, sinon de se réjouir, du moins de se résigner dans leur pauvreté. Ils sont forcés de vivre pauvrement, et ils ne pratiquent pas la vertu de pauvreté! Quel malheur! Mais s'ils comprenaient leurs véritables intérêts, ils remercieraient Dieu et ils se rejouiraient d'être pauvres.

Si l'on faisait une liste de ceux qui ont pratiqué la vertu de pauvreté, et une autre de ceux qui l'ont négligée, ne serait-ce pas sur la première que se trouveraient les noms les plus illustres, savoir : de Jésus-Christ, de la Très-Sainte Vierge, des apôtres, des patriarches, des prophètes, des martyrs et de tous les saints? Quelle gloire pour nous, si notre nom figure un jour sur cette liste!

M. Benoit : Vous nous dites que les pauvres qui désirent les richesses ne pratiquent point la vertu de pauvreté et encourent la malédiction de Jésus-Christ contre les riches; je trouve cette morale bien sévère. Vous faites donc un crime à un père de famille qui souhaite les biens de la terre à ses enfants?

M. Valentin : Si les biens qu'il désire pour ses enfants leur sont indispensables, il peut les leur souhaiter; mais s'ils sont hors du besoin, à quoi bon les demander pour eux? N'est-ce pas une marque à peu près certaine que son cœur est attaché aux richesses? Et serait-ce vouloir du bien à ses enfants? N'est-il pas plus difficile de pratiquer la vertu de pauvreté au comble de la fortune, qu'au sein de l'indigence ou qu'avec une certaine médiocrité? Et pourquoi donc se souhaiter à soi-même ou souhaiter aux siens une position plus dangereuse pour le salut? Un grand moraliste (Bourdaloue) prouve que l'effet ordinaire des richesses est d'inspirer aux hommes l'orgueil, le mépris de Dieu et l'impureté.

M. Pierre : Vous avez dit que nous placerions notre bonheur dans la souffrance; je ne comprends pas qu'on puisse être heureux en souffrant.

M. Valentin : Ne voyez-vous pas tous les jours des hommes qui souffrent avec joie la faim, la soif, le chaud ou le froid, lorsque les souffrances leur procurent de grands avantages temporels? C'est un commerçant qui est sur pied le jour et la nuit; il part demain pour Paris, après demain pour Bordeaux; il rentre chez lui brisé de fatigue : « Je n'en puis plus, se dit-il, ah! combien je souffre! mais c'est égal, j'ai gagné de bonnes journées; » et il sourit de bonheur en parlant ainsi. C'est un jeune homme qui désire obtenir la main de la fille d'un célèbre médecin; et cette jeune fille est remarquable par sa beauté et par sa vertu. Le père veut bien la lui accorder, à condition qu'il servira dans l'armée pendant un certain temps, qu'il supportera avec joie les fatigues, les privations et la vie dure attachées au métier des armes; pensez-vous qu'il se plaindrait des peines qu'il endure? Promettez au premier soldat venu qu'après vingt-cinq ans de service, il sera maréchal de France, pourvu qu'il se montre courageux et intrépide sur le champ de bataille et partout où il rencontrera quelque peine ou quelque difficulté, il chantera toute la journée, lors même qu'il serait accablé de tous les maux. Notre-Seigneur nous dit : Lorsqu'on vous persécutera, qu'on dira toutes sortes de mal contre vous à cause de moi, réjouissez-vous, tressaillez d'allégresse, une grande récompense vous est réservée dans le ciel.

Un ancien officier me disait la veille de l'expédition de l'Italie : Heureux les soldats qui seront choisis pour cette campagne! — Mais vous plaisantez, lui dis-je : ces pauvres soldats sont à plaindre, au contraire : que n'auront-ils pas à souffrir, et combien y laisseront leurs os! — Peu importe, répond le vieux capitaine, c'est une occasion heureuse d'obtenir de l'avancement et la croix d'honneur. Je vais de ce pas trouver le Ministre de la guerre pour obtenir que mes deux fils qui sont sous les drapeaux soient désignés pour cette expédition.

De même chaque jour on dit encore : Heureux le débiteur qui trouve l'occasion de se libérer de ses dettes en peu de temps! Heureux l'ouvrier qui gagne mille francs par jour; sa fortune sera bientôt faite! Or, le chrétien qui souffre expie ses péchés et amasse en peu de temps de grands trésors pour le ciel. Témoin le bon larron qui a entendu de la bouche même de Notre-Seigneur ces consolantes paroles : Vous serez aujourd'hui avec moi en paradis. N'y a-t-il pas là de quoi se réjouir?

Si donc nous comprenons nos véritables intérêts, au lieu de fuir les peines, les douleurs et les souffrances, nous les rechercherons et nous les aimerons. On nous méprise, tant mieux; nous sommes pauvres, nous n'avons pas où reposer la tête, tant mieux; nous aurons d'autant plus de gloire, de richesses et de jouissances dans le ciel.

M. Pierre : Si cette doctrine était bien comprise, et surtout bien pratiquée, de quelle paix et de quelle tranquillité ne jouirions-nous pas! Mais l'orgueil et l'amour des plaisirs aveuglent les hommes. A les entendre, ceux-là seuls sont heureux qui ne sont point obligés de travailler. Heureux les rentiers, s'écrient-ils, leur vie se passe en fêtes et en banquets; c'est le plus beau de tous les métiers, c'est dommage que les outils coûtent si cher.

M. Valentin : Il ne tient qu'à nous d'être rentiers, non pas en ce monde, mais en l'autre; ce qui vaut infiniment mieux. Cette vie est trop courte et trop remplie de peines, même pour les heureux du monde. Mais il faut gagner nos rentes par le travail. Ce sera le sujet de notre premier entretien.

IIIe ENTRETIEN.

Nécessité du travail.

M. Valentin : Avant de vous parler de la loi du travail, je veux vous raconter un trait d'histoire que j'ai lu autrefois dans un vieux livre.

Un roi, comme il y en a peu malheureusement, voulant faire le bonheur de ses sujets, amassa d'immenses trésors. Puis, un jour, il porta un décret par lequel il accordait à tout citoyen une rente viagère de quinze cents francs. Avec quel enthousiasme ce décret ne fut-il pas accueilli! C'étaient des tonnerres d'applaudissement.

Un valet de chambre dit aussitôt à son maître : Comme je puis vivre de mes rentes, cherchez quelqu'un pour vous servir. Du même pas, il va trouver un tailleur pour se procurer des vêtements plus convenables à sa dignité de rentier; mais celui-ci lui répond : Je vis de mes rentes comme vous, et je ne travaille plus pour le public; les autres tailleurs chez lesquels il se rend lui font la même réponse ; et les autres ouvriers auxquels il s'adresse pour d'autres objets lui tiennent le même langage. Bien plus, les bouchers, les boulangers, les cabaretiers, les restaurateurs, ne veulent plus servir le public; et cependant il faut vivre, et la faim n'a point d'oreilles. Alors s'élèvent partout des querelles, des batailles, des émeutes. La nouvelle de ces désordres parvient vite jusqu'au roi; il veut lever des troupes pour rétablir la tranquillité publique; mais personne ne répond à son appel : n'est-ce pas une indignité d'être soldat avec quinze cents francs de rentes? Dans cette extrémité, le roi ne voit qu'un seul moyen de salut, celui de rapporter son décret, jusqu'à ce qu'on ait trouvé des machines intelligentes pour faire tous les travaux nécessaires à la vie. On les cherche encore; mais dans ce siècle du progrès et des lumières, ne désespérons de rien. En attendant, travaillons, puisque Dieu nous ordonne de vivre.

M. Benoit : Cette parabole prouve bien qu'en effet le travail est nécessaire pour vivre; mais à quoi servent ce qu'on appelle les hommes de lettres, les avocats, les notaires, les avoués et tant d'autres?

M. Valentin : Ne croyez pas que tous ceux qui ne manient pas la truelle, ou la scie, ou le rabot, ou la charrue restent oisifs. Il y a différentes espèces de travaux, les travaux de l'esprit et les travaux du corps; les premiers ne sont pas moins pénibles ni moins nécessaires que les seconds; bien plus, comme l'âme l'emporte infiniment sur le corps, autant les travaux de l'esprit l'emportent sur les travaux manuels. Tous les hommes sont obligés de travailler, il est vrai, mais à des choses différentes selon leur condition, leur aptitude et leur vocation. C'est cette diversité de profession, d'arts libéraux et mécaniques, qui procure à la société des produits si beaux et si variés, dont l'ensemble constitue la richesse d'une nation. Les hommes de lettres, les avocats, les avoués, les notaires, les juges et tous les magistrats, sont aussi nécessaires que les maçons et les charpentiers.

A quoi vous servirait votre maison, si la loi ne vous protégeait pas contre les voleurs! Mais la loi est muette par elle-même ; il faut des hommes pour l'expliquer et l'appliquer.

M. Pierre : Si nos premiers parents n'avaient point désobéi à Dieu, — ils n'auraient pas été condamnés à la loi si dure du travail

M. Valentin : La loi du travail a été portée, en effet, comme un moyen donné à Adam pour expier ses fautes. A peine eût-il violé la défense qui lui avait été faite que Dieu lui dit : Parce que tu as écouté la voix de la femme plutôt que la mienne, et que tu as mangé du fruit de l'arbre que je t'avais défendu de manger, la terre sera maudite pour ton ouvrage, ce ne sera qu'avec peine que tu en tireras ce qui sera nécessaire à ta subsistance tous les jours de ta vie. Elle te produira des ronces et des épines, et tu te nourriras de l'herbe des champs; tu mangeras ton pain à la sueur de ton front, jusqu'à ce que tu retournes dans la terre d'où tu as été tiré; car tu es poussière et tu retourneras en poussière.

Dieu, dans sa bonté infinie, consent à pardonner à nos parents révoltés, mais à condition qu'ils se repentiront de leur péché, en feront humblement l'aveu et l'expieront par la pénitence. Il les interroge donc comme fait un confesseur à l'égard de ses pénitents, et la confession faite, il leur impose une pénitence et les absout.

M. Benoit : En prononçant ces paroles : Tu mangeras ton pain à la sueur de ton front, Dieu a-t-il établi une loi générale qui embrasse tous les enfants d'Adam, ou en a-t-il excepté certains états ou certaines conditions du monde? A-t-il fait grâce aux uns, pendant qu'il traitait si sévèrement les autres? Pensez-vous qu'il ait destiné les grands et les riches à la douceur du repos, et les pauvres à la misère et à la servitude? A-t-il dit aux pauvres : Vous arroserez la terre de vos sueurs et de vos larmes; et aux riches : Vous n'en goûterez que les délices? Dieu a-t-il fait cette distinction?

M. Valentin : La justice de Dieu est incapable de faire d'autre discernement entre les hommes que celui de l'innocence et du péché; et comme le péché est commun à tous les hommes, la loi du travail a été faite pour tous les hommes. L'Esprit-Saint ajoute : *Et cette loi est un joug pesant et humiliant pour les enfants d'Adam.* Mais pour quels enfants d'Adam? *Pour tous, depuis celui qui est assis sur le trône, jusqu'à celui qui est abaissé dans la poussière et la cendre, depuis ceux que portent la couronne et la pourpre, jusqu'à ceux dont les membres ne sont couverts que par les haillons de la pauvreté* (Eccl., XL). Voilà l'étendue de l'arrêt prononcé dès l'origine; il n'est aucun homme qui ne doive se résoudre à consommer sa vie dans le travail; fût-il prince ou monarque, il est pécheur, il doit se soumettre à la peine que le créateur du monde lui a imposée.

L'homme est né pour travailler, comme l'oiseau pour voler : le travail est donc dans sa nature, et il se fait un préjudice considérable, lorsqu'il veut s'y soustraire. Ecoutez ce que vous dit encore l'Écriture : Allez trouver la fourmi, paresseux, considérez sa conduite et apprenez à devenir sage. Elle n'a ni chef, ni maître, ni prince, et toutefois elle fait sa provision durant les beaux jours d'été; elle amasse durant la moisson de quoi se nourrir. Jusqu'à quand dormirez-vous, paresseux? Quand vous réveillerez-vous de votre sommeil?... Que si vous êtes diligent, votre moisson sera comme une source abondante, et l'indigence fuira loin de vous.

M. Benoit : C'est une loi dure, avouez-le.

M. Valentin : Non certes, je ne l'avoue pas. Nous devrions bénir mille fois la Providence de nous avoir traités avec tant de miséricorde. Représentons-nous un certain nombre de criminels condamnés à mort et renfermés dans un cachot en attendant l'exécution; nous n'entendons que des soupirs, des gémissements et des cris de désespoir. Tout à coup le prince paraît et leur dit : Je vous fais grâce, mais à la condition que vous ferez l'aveu de vos crimes à mes ministres, que vous vous repentirez et que vous les expierez en travaillant comme d'honnêtes ouvriers tous les jours de votre vie. Alors éclatent des cris de joie, d'amour et de reconnaissance.

Nous ignorons que nous sommes plus coupables devant Dieu que ces criminels dont je viens de parler. En nous révoltant contre Dieu, nous avons voulu le dépouiller de sa souveraineté, le détrôner et par conséquent le détruire : car s'il n'était plus le souverain Maître, il ne serait plus Dieu. Nous sommes donc coupables d'avoir attenté à la vie de Dieu même : pourrons-nous jamais nous faire une idée juste de la gravité d'un pareil crime? C'est donc très-justement que nous avons été condamnés à la mort éternelle. Et remarquez, je vous prie, que c'est nous-mêmes qui nous donnons la mort par le péché mortel; car tout être qui viole une loi essentielle à la conservation de sa vie, se tue. Dieu consent à nous rendre la vie et à nous mettre en état de jouir de son propre bonheur, mais à la condition que nous ferons l'aveu de nos fautes, que nous en aurons un vif et sincère repentir et que nous travaillerons comme de bons ouvriers. Pouvait-il se montrer plus miséricordieux?

Ne maudissons donc jamais le travail, puisque par lui nous pouvons fermer les portes de l'enfer ouvertes sous nos pieds, et nous ouvrir la porte du ciel. Bénissons Dieu de nous avoir fait naître dans une condition où le travail est une nécessité. Voyez-vous le fils de M. Laurent plein de force et de vigueur? Parce que son père est riche, il ne sait que faire : l'ennui le dévore et il est malheureux. Que va-t-il devenir? Ce que devient tout homme désœuvré, vicieux et immoral.

Considérez, au contraire, M. Louis, le jeune serrurier qui travaille du matin au soir; croyez-vous qu'il soit malheureux? Mais le travail fait ses délices; et remarquez comme la joie et le contentement rayonnent sur sa figure. Que seraient les divertissements sans le travail? Insipides et ennuyeux.

M. Pierre : Pourriez-vous nous dire ce qu'on pensait de la loi du travail dans l'antiquité?

M. Valentin : On la regardait comme une loi de justice, comme une dette sacrée contractée envers la société. Les peuples étaient tellement pénétrés de ce principe, que rien ne pouvait dispenser un citoyen de se montrer actif et occupé. Parmi les Egyptiens, chacun était obligé de se présenter tous les ans devant l'intendant de sa province pour lui faire connaître de quelle manière il employait ses journées et quelle profession il exerçait pour gagner sa vie; autrement il était honteusement expulsé, sinon puni de mort. Chez les Grecs, le père de famille devait aussi exercer un métier ou une profession, et en apprendre une à son fils et à ses filles; autrement, s'il tombait dans la misère ou l'indigence, ses enfants, qu'il avait laissés vivre dans la paresse, étaient dispensés de venir à son secours.

M. Pierre : L'Assemblée nationale devrait porter une loi à cet égard, et imposer une forte amende à tous les pères de famille qui laissent leurs enfants inoccupés. Nous n'aurions plus la douleur de voir tous ces petits crevés passer les jours et les nuits dans les orgies.

M. Valentin : Ce serait de toute justice. Ne faut-il pas que chacun gagne par lui-même, lorsqu'il le peut, ce qui lui est nécessaire pour vivre, ou qu'il vive aux dépens d'autrui; et celui qui mange ce qu'il n'a pas gagné et qui ne lui appartient par aucun titre, n'est-il pas un voleur? Un employé payé par l'État qui ne s'acquitte pas des fonctions de sa charge, ne diffère pas beaucoup d'un brigand ou d'un voleur de grand chemin.

Lorsque nous sommes venus au monde, il nous était impossible de pourvoir à notre subsistance par nous-mêmes, il a fallu que nos parents ou d'autres nous fournissent les choses nécessaires à la vie. Jusqu'à l'âge de dix, douze ou quinze ans, nous avons tout reçu de la société, sans pouvoir la payer de retour; nous avons été pour elle une charge sans profit. Dès que nous avons pu travailler, elle n'a pas moins continué à nous rendre service. Pourriez-vous me dire par combien de mains passe le morceau de pain destiné à soutenir notre frêle existence, et le vêtement qui doit couvrir et réchauffer nos membres? Des milliers de bras travaillent incessamment pour conserver en nous la vie. Il n'y a pas une seule profession — et qui pourrait les énumérer? —

dont nous ne recevions quelque bienfait, soit pour la nourriture, soit pour le vêtement, soit pour le logement, soit pour les voyages, soit pour l'instruction et l'éducation.

Nous jouissons de la paix et de la tranquillité publique; chacun peut exploiter son champ ou son industrie, sans craindre qu'on lui ravisse les fruits de ses travaux. Mais à quelles conditions? C'est que l'État maintiendra constamment sur pied une armée de cinq cent mille hommes.

Nous aimons la France, notre patrie; mais en quoi consiste donc la patrie? Est-ce seulement dans cette portion de terre qu'on nomme le territoire français? Est-ce dans nos champs, nos maisons, nos propriétés? C'est la patrie matérielle de la société; mais ce qui en fait l'esprit et l'âme, ce sont les lois et les institutions du pays, c'est l'esprit de liberté, d'égalité et de fraternité chrétiennes, ce sont toutes ces grandes choses qu'on appelle les bienfaits de la civilisation. Mais qui nous les a conservés, ces bienfaits, qui nous les garantit, depuis deux ou trois siècles ou plutôt depuis l'établissement du christianisme? De nombreuses et de puissantes armées. Des millions de soldats sont tombés sur les champs de bataille et toutes les plaines de l'Europe sont couvertes de leurs ossements desséchés.

Et ces merveilleuses inventions, ces découvertes modernes dont nous sommes si fiers, qui nous procurent de si grands et de si précieux avantages, à qui les devons-nous? A des savants qui ont usé leur vie à étudier les sciences et les arts et qui sont morts à la tâche.

Nous avons le bonheur de vivre aujourd'hui dans le sein de l'Église catholique, mais à quelles conditions? Au moment où l'ancien monde s'affaissait sous le poids de sa corruption, Jésus-Christ, Dieu et homme tout ensemble, paraît sur la terre, travaille pendant trente ans, souffre des supplices inouïs, et sauve le monde en mourant sur la croix. Les apôtres prêchent l'Evangile dans tout l'univers et scellent de leur sang leur propre témoignage. Pendant trois siècles, douze ou quinze millions de martyrs tombent sous la hache des tyrans pour conserver et perpétuer la foi chrétienne dans le monde. Quelles fatigues et quels travaux entrepris par les docteurs et les pasteurs de l'Église pour nous transmettre cette même foi intacte et pure! Que de guerres sanglantes ont été livrées en France et en Lorraine dans ce même but! Il est donc évident que tout chrétien qui meurt pour sa foi n'est pas seulement un modèle de courage et de grandeur d'âme; n'est-il pas aussi, dans un certain sens, le sauveur de la vraie foi, comme le soldat qui meurt pour son pays est le sauveur de sa patrie!

Maintenant, calculons, si nous le pouvons, la somme des bienfaits et des services que nous avons reçus et que nous recevons sans cesse de la société civile et de la société religieuse, et nous resterons convaincus qu'il nous est impossible de payer nos dettes, lors même que nous travaillerions pendant plusieurs siècles.

M. Pierre : Mais je suis rentier, Monsieur Valentin, et lorsque j'emploie des ouvriers, je suis généreux à leur égard; puis je donne de l'or et de l'argent en compensation des services qu'on me rend ou des objets qu'on me livre. Ne suis-je pas libéré?

M. Valentin : Non, certes, la justice exige que vous rendiez à vos frères autant qu'ils ont donné pour vous.

Or, ce qu'ils prodiguent, ce ne sont pas seulement quelques pièces de monnaie, c'est plus que de l'argent et de l'or, ce sont leurs fatigues, leurs sueurs, leurs larmes, leur sang, leur vie. Sachez donc que vous ne pouvez payer les fatigues que par des fatigues, les sueurs que par des sueurs, les larmes que par les larmes, le sang que par le sang, la vie que par la vie.

M. Benoit : Si j'étais riche, j'aimerais à partager mes revenus entre les ouvriers et les pauvres. Mais je n'ai rien, que voulez-vous que je donne? — Que les riches sont coupables!

M. Valentin : Vous êtes dans l'erreur, Monsieur Benoît; vous êtes plus riche que vous ne pensez. Le royaume des cieux, dit l'Evangile, est semblable à un maître qui distribue des talents à ses serviteurs, avec obligation de les faire valoir; à l'un, il en donne cinq, à un autre deux, et un seulement à un troisième. Les deux premiers les font valoir et en doublent la valeur. Le troisième conserve le sien sans le faire fructifier, et lorsqu'il le rend à son maître, celui-ci dit à ses ministres : Prenez ce serviteur inutile et jetez-le dans les ténèbres extérieures, là où il y aura des pleurs et des grincements de dents. Or, ce maître, c'est Dieu; ces serviteurs, ce sont tous les hommes; et tous ont reçu quelque talent qu'ils doivent faire valoir à la gloire de Dieu et au profit de la société.

Remarquez donc que tous les hommes sont riches, et que tous sont pauvres; que tous doivent donner et que tous doivent recevoir. Il n'y a pas un seul homme au monde qui ne puisse et ne doive se rendre utile. Les uns sont riches des biens de la fortune, et les autres des trésors de la science; ceux-ci de la vertu, ceux-là de l'industrie et de l'adresse; d'autres enfin de la force du corps. Il n'y a pas jusqu'au malheureux qui gît sur son lit de douleur qui ne soit riche et plus riche que les autres, car il est riche de ses souffrances, et c'est par ses souffrances que le Sauveur a enrichi le monde.

Mais si tous les hommes sont riches de quelques biens, tous sont pauvres en quelque chose et ont besoin que d'autres viennent à leur secours. Les grands propriétaires et les grands capitalistes mourraient de faim au milieu de leurs richesses, s'il n'y avait des fermiers pour cultiver les terres et des ouvriers pour faire valoir les capitaux. Ainsi, les ouvriers et les domestiques donnent aux riches quelque chose de leur force en travaillant pour eux; il est juste que les riches leur donnent en échange de ce qu'ils possèdent. Le cultivateur procure le pain au soldat, à l'industriel, au magistrat; et le soldat maintient la paix, le magistrat rend la justice, et l'industriel offre ses produits. Le riche qui ne distribue pas son superflu aux pauvres se rend coupable devant Dieu; mais le pauvre à qui Dieu a donné la force de travailler n'est pas moins criminel que ce rentier, s'il passe ses jours dans l'oisiveté; il abuse aussi de sa richesse.

Etes-vous riches des biens de la fortune? Faites des aumônes aux pauvres; êtes-vous riches d'autorité? Servez-vous en au profit de la société; êtes-vous riches de vertus? Communiquez-les à ceux qui n'en ont pas; êtes-vous riches de science? Instruisez les ignorants; êtes-vous riches de dévouement? Sacrifiez-vous à quelque œuvre de bienfaisance; êtes-vous riches de la force du corps? Exercez une profession utile, et versez, s'il le faut, votre sang pour le salut de la patrie.

On comprend alors le sens profond des paroles de saint Paul aux riches habitants de Corinthe, lorsqu'il leur demandait l'aumône pour les pauvres de Jérusalem : « Que dans les temps présents, leur dit-il, votre abondance supplée à leur pauvreté, afin que votre pauvreté soit soulagée par leur abondance, de manière qu'il y ait égalité. » Saint Paul veut donc que les riches fassent l'aumône aux pauvres, afin que la pauvreté des riches soit soulagée par la richesse des pauvres; ainsi tous sont riches et tous sont pauvres, tous doivent donner et tous doivent recevoir.

Écoutez encore saint Paul écrivant aux habitants de Thessalonique : « Lorsque nous étions avec vous, leur dit-il, nous vous déclarions que celui qui ne travaille pas ne doit pas manger. » Mais, grand apôtre, je suis riche, qu'ai-je besoin de travailler? Peu importe, répond l'apôtre, que vous soyez riche ou pauvre, si vous ne travaillez pas, vous ne devez pas manger. Et pourquoi donc? Parce que la justice l'exige; si vous ne donnez rien à la société, vous n'en devez rien recevoir.

Comprenez-vous que ce n'est pas seulement parmi les riches qu'on trouve des *parasites*, des hommes semblables à ces plantes qui végètent sur d'autres plantes et se nourrissent de leur substance; on en rencontre un plus grand nombre encore parmi les ouvriers et les pauvres. Voilà le fils d'une famille aisée, son intelligence a été richement développée par le bienfait de l'instruction qu'il a reçue. Maintenant qu'il est arrivé à l'âge d'homme, la société lui demande son utile concours. Mais lui, accablé du poids de son loisir, laisse se rouiller dans une oisiveté coupable ses nobles facultés, ou dépense en frivoles amusements une jeunesse si riche d'espérances. Cependant il mange le pain de la société, il a tous les bénéfices de l'association humaine, sans lui être d'aucune utilité; c'est un parasite digne de honte et d'opprobre. Voici un ouvrier qui doit manier la truelle ou le marteau; mais loin de répondre à sa vocation, il se livre à la fainéantise et à la débauche, et quand sa femme et ses enfants vien-lui demander le pain qu'ils attendaient de son labeur, il les envoie frapper aux portes des riches; c'est un homme sans cœur qui ne mérite que le mépris et la honte.

Savez-vous à qui ressemble celui qui vit sans travailler ou sans se rendre utile en quelque manière à la société? A un gouffre qui absorbe tout et ne rend rien; à ces animaux sauvages qui habitent les forêts, qui ravagent et détruisent sans rien produire, ou à certains insectes qui rongent, dévorent et souillent tout ce qu'ils touchent.

L'on ne comprend pas qu'un homme civilisé fasse consister le suprême bonheur dans ce monde à vivre de ses rentes, pour ne plus s'occuper qu'à boire, à manger, à dormir, à digérer, à s'amuser; les peuples sauvages vivent ainsi et à moins de frais; les brutes en font tout autant.

M. Pierre : Ces considérations sont bien frappantes; quand on parle des riches, on ne fait jamais attention qu'à ceux qui possèdent les biens de la fortune. Mais il y a encore des richesses d'autres natures, telles que la science et la force du corps et dont les hommes abusent aussi souvent que de la fortune. Mais c'est assez.

IVᵉ ENTRETIEN.

Noblesse du travail.

M. VALENTIN : Nous avons vu que par un travail sérieux et utile nous pouvons nous acquitter des dettes que nous avons contractées envers Dieu et envers la société; mais nous devons ajouter que c'est aussi par le travail que nous faisons des progrès dans la vertu, que nous nous perfectionnons et nous nous ennoblissons.

M. BENOIT : Si seulement notre aïeul Adam n'eût pas été aussi complaisant pour Mme Adam, son épouse; nous ne serions pas assujettis aujourd'hui à cette dure loi du travail.

M. VALENTIN : C'est une erreur, Monsieur Benoît. Remontons à l'origine et voyons ce qui s'est passé. Il est dit dans l'Écriture que Dieu, après avoir créé l'homme, le plaça dans le paradis terrestre pour *le garder* et *le cultiver*. Sans aucun doute le travail eût été moins pénible, si l'homme avait toujours conservé son innocence. Néanmoins il eût coûté des efforts, puisque c'était le moyen donné à l'homme pour se perfectionner. Dieu a voulu, de cette manière, nous faire comprendre la nécessité du travail pour nous avancer dans la vertu. Nous devons labourer sans cesse la terre de notre cœur, en arracher les orties et les ronces des vices et y jeter les semences de toutes les vertus. La grâce de Dieu est la pluie qui doit l'arroser; les vents et les tempêtes qui détruisent la moisson, ou bien purifient l'air et activent la végétation, sont les tentations qui déracinent ou fortifient la vertu; le soleil est le Saint-Esprit qui, par les rayons de sa lumière et de sa chaleur, fait germer les semences et leur fait produire des fruits pour le ciel. Le temps de la moisson est le jour où le chrétien reçoit la récompense éternelle.

M. Pierre : Comment le travail devient-il un élément essentiellement moralisateur ?

M. Valentin : D'abord il éloigne la cause principale des plus grands désordres, le désœuvrement. Donnez-moi le jeune homme le plus vertueux, le plus instruit et le plus parfait; et en le laissant dans l'inaction, j'en aurai bientôt fait un libertin et un débauché. Savez-vous ce que c'est qu'un paresseux? C'est *un scélérat en disponibilité*, il est capable des plus grands crimes, il ne lui manque que l'occasion, et bientôt elle se rencontrera. David était parvenu à un haut degré de sainteté; par suite d'un moment d'oisiveté, il tombe dans deux grands crimes.

J'entends assez souvent des pères de familles qui me disent : J'ai eu bien du mal dans ma vie, et je tâche d'amasser un petit patrimoine à mes enfants afin de leur épargner, au moins en partie, les maux que j'ai eu à supporter. S'ils ont la pensée de dispenser leurs enfants de la loi du travail, c'est le plus mauvais service qu'ils puissent leur rendre; je défie qui que ce soit, à plus forte raison, un jeune homme ou une jeune personne, d'être vertueux sans travailler. L'esprit est essentiellement actif; si vous ne l'appliquez pas sans cesse à quelque chose d'honnête, il s'occupera des moyens de satisfaire les mauvais penchants de notre nature corrompue.

Il ne faut jamais oublier que la nature humaine viciée par le péché originel éprouve une plus forte inclination au mal qu'au bien. Heureuses mille fois les familles nombreuses où tous les membres sont obligés de travailler pour gagner leur vie! C'est là que vous trouverez l'ordre, la propreté, le dévouement, l'esprit de sacrifice, et par conséquent les vertus chrétiennes.

Le travail est un stimulant pour la vertu; il occupe très-utilement l'homme tout entier. L'état le plus modeste, la dernière des professions exige un certain travail de l'esprit, et il exerce nécessairement une salutaire influence sur l'âme et sur le corps. Il demande du courage, de la force, de l'abnégation, du renoncement à soi-même. Or, ce sont là les principaux éléments de la vertu. L'homme habitué au travail se soumet volontiers aux sacrifices. Voulez-vous tirer une famille pauvre de la misère et du vice et la placer sur le chemin de la vertu et du bonheur? Commencez par y introduire l'amour ou au moins l'habitude du travail. Il en est de même d'une nation : si, en traversant un pays, vous voyez les habitants actifs et laborieux, dites hardiment que c'est un peuple en progrès. Mais si les champs sont mal cultivés, les ateliers fermés et les chantiers déserts, vous pouvez affirmer, sans craindre de porter un faux témoignage, que c'est un peuple qui marche à grands pas à la barbarie et à l'état sauvage. Amour du travail, principe du progrès, de la vertu, de la civilisation; fuite du travail, cause de la décadence, de l'immoralité et de la barbarie. Faut-il vous en fournir des preuves? Rappelez-vous ce qui s'est passé en France depuis quelques années; et voyez où nous en sommes. Les habitants des campagnes ont fui dans les villes pour se soustraire aux rudes travaux de la culture; et dans les villes les ouvriers se sont mis en grève, tantôt dans une usine et tantôt dans une autre : signes certains d'une révolution prochaine et inévitable, d'un retour à la barbarie. N'en avons-nous pas eu le triste et effroyable spectacle sous les yeux?

Un peuple ne peut être civilisé sans cultiver les arts et les sciences, et sans porter dans son cœur des principes religieux et l'amour du bien. Or, comment deviendra-t-il habile dans les sciences et dans les arts, sinon par un travail soutenu, constant et opiniâtre? Je ne parle pas de l'agriculture, de l'industrie et du commerce; vous n'ignorez pas qu'on n'y obtient quelque succès qu'au prix des plus durs et des plus pénibles travaux. Jamais on ne citera un peuple, ni même un seul homme qui se soit distingué sans un travail persévérant. Lisez la vie des hommes célèbres en philosophie, en histoire, en éloquence, en peinture, en architecture et en poésie; ils ne manquaient ni de talent ni de génie, et cependant que de veilles, que de voyages, que de travaux prodigieux pour se perfectionner! A qui sommes-nous redevables des progrès étonnants qu'on a faits dans les arts et dans les sciences, depuis un siècle surtout? A des hommes que l'histoire appelle *les martyrs de la science.*

Voulez-vous des considérations d'un ordre différent pour vous convaincre que l'homme se perfectionne par le travail? Considérez les différentes classes d'êtres dont se compose l'univers, et vous verrez qu'ils sont d'autant plus parfaits, qu'ils ont plus d'action, et qu'ils ont d'autant plus d'action qu'ils sont plus parfaits. Au dernier degré, vous avez les minéraux, tels que la pierre, le fer, le cuivre, le plomb, l'or, l'argent; ce sont des êtres sans mouvement et sans vie; ils tiennent comme le milieu entre l'être et le néant. Un peu au-dessus des minéraux, sont les végétaux, les plantes, les fleurs et les arbres, et là vous voyez un peu plus de vie et de mouvement. Au troisième degré vous rencontrez les animaux; les uns marchent ou courent sur la terre, les autres se meuvent dans les rivières et les fleuves et dans les vastes abîmes de la mer; et d'autres volent dans les airs : quelle action et quel mouvement! Ils marchent, ils courent, ils grimpent, ils nagent, ils volent; voilà leur vie; privez-les d'action, vous les tuez.

Au quatrième degré est l'homme, le roi de la création, le dominateur du monde. Quelle étonnante activité! Il arrache à la nature ses secrets, il s'empare de ses forces pour la maîtriser à son gré; il remue le monde entier, il le bouleverse, il le transforme; il transporte sur des chars de feu avec la rapidité du vent les produits d'une contrée dans les pays les plus lointains. Quels ont été dans les temps anciens, et quels sont encore, dans les temps modernes, les peuples qui gouvernent le monde, sinon les plus actifs dans les travaux de l'esprit et les plus durs aux fatigues et aux travaux corporels? Le peuple français, depuis près d'un demi-siècle, s'est plongé dans un repos énervant, dans un sensualisme grossier; et aujourd'hui il marche à grands pas à la barbarie.

M. Pierre : Nous nous reposerons au moins dans le ciel, si nous avons le bonheur de l'obtenir?

M. Valentin : Oui et non; l'on se repose dans le ciel, c'est-à-dire qu'on ne se fatigue pas comme sur la terre;

mais ne croyez pas que les habitants du ciel demeurent dans l'inaction. Les anges sont de purs esprits : tout y est nerf, tout y est vigueur, dit Bossuet. Puis ce grand génie ajoute que les démons sont doués d'une si grande force naturelle, que si Dieu ne l'enchaînait, ils tourneraient le globe terrestre avec autant de facilité que vous faites tourner une petite boule dans la main. Si nous ajoutons foi à l'enseignement de saint Thomas, ce sont les anges qui communiquent le mouvement à tous les corps célestes et les dirigent dans la route que Dieu leur a tracée.

Mais infiniment au-dessus des créatures est Dieu ; et vous vous le représentez sans doute comme étant assis au plus haut des cieux, sur un trône resplendissant, et jouissant d'un bonheur ineffable dans un repos absolu. Mais l'action est tellement essentielle à Dieu qu'on ne peut le concevoir sans action. Que fait-il donc ? Dieu le Père engendre son Verbe ou son Fils de toute éternité ; le Père et le Fils produisent le Saint-Esprit. Ainsi le suprême bonheur de Dieu consiste dans ces actes qui épuisent toute la force de son intelligence et de son amour, ou, en d'autres mots, Dieu déploie toute la puissance de son intelligence pour se connaître et toute la puissance de sa volonté pour s'aimer, et le bonheur des anges et des saints consiste dans la participation à ces actes infinis de Dieu.

Concluez donc que plus il y a de mouvement et d'action dans un être, lorsque tout est conforme à la droite raison, plus il se rapproche de Dieu, et par conséquent plus il est parfait.

Les Anciens avaient parfaitement compris cette vérité ; les patriarches s'occupaient à cultiver la terre ou à faire paître leurs troupeaux. Tous les poètes ont chanté le bonheur de la vie champêtre, c'est-à-dire de la vie la plus laborieuse. « De tous les arts qui occupent les mortels, dit Cicéron, il n'y en a aucun qui soit plus utile que l'agriculture, plus avantageux, plus doux et plus digne d'un homme libre. » Dans les premiers temps de la république romaine, les plus grands hommes, ceux-là mêmes qui se sont le plus distingués par leurs exploits militaires, étaient d'infatigables travailleurs.

M. Benoit : Vous faites le procès, sans vous en douter, je veux le croire, à tous les ordres religieux. Que font tous ces hommes et toutes ces femmes renfermés dans les monastères ? Rien, ou à peu près.

M. Valentin : Vous soulevez-là une question trop grave pour être traitée en passant. Je me contenterai de vous demander si les sœurs de Saint-Charles ou de Saint-Vincent-de-Paul ou de la Doctrine chrétienne, ou les Petites-Sœurs des pauvres, ou les frères de Saint-Jean-de-Dieu ou des Ecoles chrétiennes, en un mot, si tous les ordres religieux qui ont pour but de soigner les pauvres ou de soulager les malades et les infirmes de tous genres, ou de distribuer à l'enfance et à la jeunesse le double bienfait de l'instruction et de l'éducation chrétiennes sont des paresseux ou des êtres inutiles dont on doive se débarrasser au plus tôt. Ne sont-ce pas les ordres religieux qui envoient le plus grand nombre de missionnaires porter aux peuples infidèles et barbares la lumière de l'Evangile avec les bienfaits de la civilisation ? Aucune association n'aurait jamais osé entreprendre les travaux gigantesques qu'ont heureusement exécutés des ordres religieux. Croyez-vous que pratiquer chaque jour les trois vœux de pauvreté, de chasteté et d'obéissance ne soit pas aussi un travail pénible et très-fructueux pour la société ? Les Chartreux et les Trappistes se privent, au profit des pauvres, de ce que tant de riches devraient leur donner et qu'ils consomment pour satisfaire leur sensualité. Les sœurs hospitalières se vouent au soulagement des malades et des pauvres et remplissent une partie des devoirs imposés aux dames du monde qui passent leur temps à des divertissement futiles, sinon criminels ; et les capucins et les frères ignorantins et tous ceux qui se livrent au ministère de la prédication instruisent ceux que les savants du monde devraient éclairer et qu'ils laissent croupir dans la plus grossière ignorance. Mais c'est dans les ordres religieux que le travail est le plus actif, le plus intelligent et le plus parfait. L'Eglise a en horreur les *quiétistes*, ceux qui font consister la perfection dans la contemplation, abstraction faite du travail ou de la pratique des bonnes œuvres.

M. Benoit : Vous nous avez dit que le travail ennoblit l'homme ; maïs il y a un moyen plus simple de s'ennoblir. Un millionnaire achète un titre de noblesse pour une somme de dix ou quinze mille francs. C'est ainsi, dit-on, que M. Florémont, dont le père n'était qu'un riche négociant, s'appelle aujourd'hui le comte de Florémont.

M. Valentin : Dès lors que le travail perfectionne l'homme, il doit nécessairement l'ennoblir ; car la véritable noblesse n'est que la perfection élevée à un certain degré ; et bien que de nos jours rien ne paraisse préférable à la profession de rentier, ou au *quiétisme*, et que toute l'ambition de la génération actuelle soit d'y arriver, on tient compte, au moins quelquefois, du travail et du dévouement.

Pour apprécier le mérite de quelqu'un, on ne se contente pas toujours de calculer ses écus ou de compter ses propriétés, laissant de côté sa conduite et ses actions. Un citoyen reçoit-il la croix d'honneur ou toute autre distinction honorifique, chacun se demande aussitôt quels sont les services qu'il a rendus à la société. Ce qui vous prouve que tout titre de noblesse qui n'est pas justifié et consacré par une vie de travail et de dévouement, n'est plus qu'une feuille de papier ou de parchemin, que la poussière ronge ou que le vent emporte.

Rappelez-vous Clovis : quel homme actif et entreprenant ! Devenu chef de l'armée des Francs, et appuyé sur la puissance de son épée et de son génie, il fonde la monarchie française. Ses descendants dégénérés, absorbés par l'amour des plaisirs, finissent par tout perdre. L'autorité leur échappe des mains, et avec l'autorité le pouvoir, le sceptre et la couronne. Savez-vous pourquoi ? L'histoire vous le dit : c'étaient des *rois fainéants*. O pères de famille, qui ne rêvez que richesses et fortune pour vos enfants, amassez-leur des trésors, aux dépens de votre repos et au préjudice du salut de votre âme, laissez-leur en héritage le plus beau royaume du monde ; si vous ne leur inspirez en même temps l'amour du travail, vos petits-fils seront un jour des portefaix ou des mendiants.

M. Benoit : J'ai souvent réfléchi sur la dure condition que Dieu a faite à l'homme et les pénibles travaux auxquels il l'a condamné pour se procurer chaque année les choses nécessaires à la vie, tandis qu'il se montre si généreux pour les animaux. Il leur donne à chacun le vêtement et la nourriture ; s'ils déchirent leur robe ou y font un accroc, c'est lui-même qui fait le resarci ; si le vêtement est usé à la fin de l'année, un autre arrive aussitôt pour l'année suivante ; puis chaque jour, il met la table pour eux. Voyez les oiseaux du ciel, ils ne labourent pas, ils ne sèment point, ils ne font aucune provision, et Dieu lui-même les nourrit. Ils chantent tout le jour ; ne sont-ils pas de vrais rentiers ! Pourquoi donc Dieu a-t-il soumis l'homme à un travail aussi pénible ? On est vraiment effrayé quand on songe à l'énorme quantité d'aliments qu'il consomme dans une année ; il dévore tout, les plus riches moissons, les animaux de toutes les espèces, la volaille, le gibier, le poisson ; et qui pourrait énumérer tout ce qu'il absorbe en fait de boissons ? Cependant, il n'en aurait pas plus coûté à Dieu de faire pour l'homme ce qu'il a fait pour les oiseaux.

M. Valentin : Non, certes : il n'avait qu'à le vouloir, et nous étions dispensés de tout travail. Mais Dieu a voulu nous honorer et nous ennoblir. Savez-vous ce que devient le travailleur par le fait même de son travail ? Le ministre et le coadjuteur de Dieu. En effet, Dieu crée et produit, et l'homme aussi crée et produit d'une certaine manière. Le cultivateur dit avec raison : voilà du blé que j'ai fait venir. Les œuvres des ouvriers et des artistes ne sont-elles pas appelées leurs produits ou leurs productions ? Et tous les travailleurs, quels qu'ils soient, sont associés à l'action créatrice et conservatrice du monde. Quel beau titre de noblesse ! Pouvez-vous concevoir quelque chose de plus grand et de plus sublime ?

Représentez-vous un grand monarque capable de gouverner seul son vaste empire ; cependant il choisit quelques ouvriers pour en faire ses ministres, et par ce moyen il les ennoblit, il les associe au gouvernement de son royaume, il partage avec eux son autorité et sa puissance. Leurs concitoyens s'écrient : Qu'ils sont heureux, ces ouvriers, d'être élevés si haut ! Mais c'est ce que Dieu a fait pour tous les hommes. Il n'avait certes pas besoin d'eux pour gouverner le monde, et, cependant, il a voulu partager avec eux son autorité et sa puissance. Ah ! si seulement tous les travailleurs, les cultivateurs, les jardiniers, les vignerons, les maçons, les charpentiers, et tous ceux qui exercent une profession utile à la société, n'oubliaient jamais qu'ils sont les ministres du Roi des rois, les coadjuteurs même de Dieu, puisque c'est par leurs travaux que Dieu conserve la vie aux hommes. Fasse le ciel qu'ils soient toujours par leurs sentiments et leur conduite, à la hauteur de leur dignité !

Lorsque le Fils de Dieu est venu au monde, il a fallu le porter, le nourrir, le vêtir comme un petit enfant. Mais qu'avait-il besoin des soins et des travaux de Marie et de Joseph ? Est-ce que Celui qui a créé le monde par une parole, et qui conserve la vie à toute la création par sa volonté toute-puissante, ne pouvait pas vivre par lui-même ? Pourquoi donc a-t-il voulu avoir une mère et un père nourricier ? Parce qu'il voulait honorer et ennoblir Marie et Joseph. Quelle gloire pour Marie d'être la Mère de Jésus, de l'avoir nourri de son lait, de l'avoir porté dans ses bras et de l'avoir soigné dans son enfance ! Quelle gloire pour Joseph d'avoir gagné par son travail le pain destiné à nourrir l'Enfant-Dieu ! Mais tous les ouvriers, les domestiques et les servantes ont la même gloire, puisque Jésus-Christ a dit lui-même : Tout ce que vous ferez au dernier des hommes, au plus petit d'entre mes frères, c'est à moi-même que vous le faites. N'est-ce pas aussi pour vous une gloire infinie ?

M. Benoit : Aux yeux des gens du monde, les meilleurs emplois ne sont pas ceux où il y a le plus de gloire dans sens que vous venez d'expliquer ; mais ceux où il n'y a presque rien à faire et de gros appointements à percevoir. Travailler peu et gagner beaucoup, n'est-ce pas magnifique ?

M. Valentin : Je le sais ; mais aux yeux de la foi, comme aux yeux de la saine raison, la profession la plus honorable et la plus noble est celle qui rend les plus grands services à la société et qui procure le moins de profit à celui qui l'exerce. En effet, qui est grand comme Dieu, majestueux et noble comme Dieu ? Et pourquoi Dieu est-il si grand, si noble et si majestueux ? Parce qu'il se suffit à lui-même et qu'il donne la vie à tout ce qui existe. Et l'homme le plus grand, le plus honorable et le plus noble n'est-il pas celui qui se rapproche le plus de Dieu, celui qui se suffit à lui-même et qui rend les plus grands services à la société ? Pourquoi saint Vincent-de-Paul est-il si grand devant Dieu et devant les hommes ? Pourquoi son nom est-il si populaire parmi nous ? Parce qu'il a trouvé dans son cœur assez de charité, c'est-à-dire assez de vie pour se suffire à lui-même et pour la communiquer à une multitude d'autres qui, sans lui, périssaient pour le temps ou pour l'éternité.

Soyez parfaits, a dit Jésus-Christ, comme votre Père céleste est parfait : faites du bien à ceux qui vous haïssent, priez pour ceux qui vous calomnient et qui vous persécutent, c'est-à-dire travaillez sans cesse pour communiquer la vie à tous sans exception, qu'ils soient bons ou méchants, reconnaissants ou ingrats, peu importe ; vous serez les dignes enfants de votre Père céleste qui donne la vie, même à ceux qui l'outragent.

En venant au monde, Jésus-Christ naît pauvre et dénué de toutes choses, parce qu'il ne veut recevoir de la société que le moins possible, et il travaille comme un pauvre ouvrier pour gagner son pain de chaque jour. Puis il donne au monde tout ce qu'il possède : Je suis venu, dit-il, pour donner la vie et la donner avec plus d'abondance. C'est pourquoi il dépense pour nous son intelligence, son cœur, sa réputation, ses sueurs, ses larmes et sa vie ; il nous donne son corps, son sang, son âme et sa divinité ; et c'est là que les fidèles vont puiser la vie. Oh ! qu'il est grand le Sauveur du monde, lorsqu'il travaille pour gagner sa vie, et pour la communiquer au genre humain tout entier ! Saint Paul, ce grand apôtre, n'a qu'une seule ambition, c'est de se dépenser lui-même pour engendrer des âmes à Jésus-Christ, c'est-à-dire pour communiquer aux hommes la vie surnaturelle et divine.

Tel est notre modèle ; notre mission dans ce monde est de nous dépenser, de nous sacrifier nous-mêmes comme le Sauveur, comme les apôtres, comme tous les saints pour la gloire de Dieu et le salut du monde. Qu'il est grand et qu'il est noble le serrurier, le cordonnier, le cultivateur, le maçon, le charpentier, en un mot l'ouvrier qui ne veut rien devoir qu'à son intelligence et à la force de son bras pour vivre, lui et sa famille ! Sans doute, il est noble, il est grand celui qui sauve la vie à ses concitoyens en danger de la perdre. Est-il moins grand et moins honorable l'ouvrier qui travaille pour conserver la vie de ses frères ? N'est-il pas vraiment le ministre et le coadjuteur de Dieu pour la conservation et le gouvernement du monde ?

Si un homme très-riche s'engageait à donner à ses ouvriers mille francs par jour, mais à la condition qu'ils ne recevront d'abord que ce qui leur sera nécessaire pour vivre, et qu'il retiendra le surplus pour former un capital de quelques millions qui leur seront soldés après trois années de rudes travaux, pensez-vous que les ouvriers trouveraient la condition trop pénible ? Mais Dieu est beaucoup plus généreux ; ce n'est pas quelques millions qu'il s'engage à nous donner après quelques années de travaux, mais tous ses biens qui sont infinis.

Le royaume des cieux, nous dit-il, est semblable à un père de famille qui sort de grand matin pour envoyer des ouvriers dans sa vigne, étant convenu avec eux d'un denier pour la journée. Vers la troisième heure, il en voit d'autres sur la place à rien faire et il leur dit : Allez à ma vigne, et je vous paierai raisonnablement. Il fit de même à la sixième, à la neuvième et à la onzième heure. Le soir étant venu, il leur fit donner un denier à tous, aux derniers comme aux premiers.

Ce père de famille, c'est Dieu lui-même ; les ouvriers sont tous les hommes qu'il appelle par la voix des prédicateurs, et le denier comme prix de la journée est le ciel. Les élus ne sont autre chose que de bons ouvriers qui ont bien travaillé dans la vigne du Seigneur, ou, en d'autres mots, qui ont rempli fidèlement leurs devoirs religieux et les devoirs de leur état pendant cette vie, qui passe comme un jour ; et chaque ouvrier reçoit une récompense proportionnée à son travail. Le ciel est pour tous ; mais dans le ciel, il y a différentes demeures, c'est-à-dire différents degrés de gloire. Mais il n'est pas fait pour les paresseux, ni pour les mauvais ouvriers.

Autrefois, lorsqu'un prince avait rendu de grands services au roi dont il était le vassal, il en recevait en récompense la faculté de battre monnaie. Or, Dieu traite en princes, tous les hommes, et par conséquent tous les ouvriers et leur accorde la faculté de battre monnaie pour l'éternité, et nous possédons tous des lingots inappréciables d'or et d'argent, puisque toutes nos actions, même les plus indifférentes, lorsqu'elles sont faites dans les conditions voulues, sont d'une valeur infinie; et celles qui sont les plus pénibles ont encore une plus grande valeur que les autres. Heureux donc les ouvriers qui souffrent plus que les autres en ce monde !

M. Benoit : C'est là un gain spirituel, un salaire que nous ne toucherons que dans l'autre vie : mais, vous le savez, *un bon tiens vaut mieux que deux tu auras ;* nous préférons quelque chose de sonnant et de palpable.

M. Valentin : Mais lorsque vous avez la certitude de percevoir le gain futur, vous l'acceptez volontiers. Si un riche banquier vous engageait à travailler pour lui à raison de mille francs par jour, et qu'au lieu de vous donner de l'or et de l'argent, il vous comptât mille francs en bons billets de banque, les recevriez-vous ?

M. Benoit : Très-certainement et avec reconnaissance.

M. Valentin : Cependant il n'y a là rien de sonnant, ce n'est que du papier.

M. Benoit : Sans doute, mais ce papier vaut de l'or et de l'argent, puisque je puis l'échanger contre de l'argent et de l'or.

M. VALENTIN : Et pourquoi vaut-il de l'argent et de l'or, si ce n'est parce qu'il est revêtu d'une signature qui lui donne du crédit? Mais l'Evangile est un billet de banque qui porte la signature non d'un homme, mais d'un Dieu, et d'un Dieu qui a signé avec son sang. Et vous n'y avez pas autant de confiance que dans les billets de la banque de France? Vous avez donc plus de foi à la parole des hommes qu'à la parole de Dieu?

M. BENOIT : J'ai confiance en la parole de Dieu; mais j'aime encore de gagner quelque chose pour ce monde.

M. VALENTIN : L'un n'empêche pas l'autre. Il vous est permis de réaliser des bénéfices plus ou moins considérables pour ce monde, pourvu que ce soit légitimement. Mais remarquez la différence énorme entre le bénéfice de l'ouvrier qui remplit les conditions voulues par l'Evangile, et celui de l'ouvrier qui les néglige : ce dernier ne recueille que le prix matériel, tandis que le premier, outre son salaire palpable, en touche un autre, même pour ce monde, qui est d'un prix inestimable, la paix de la conscience et la joie du cœur, qui vaut mieux que tous les trésors de la terre.

Lisez attentivement la vie des saints, et vous verrez que tous ont été des travailleurs infatigables, qui vivaient de peu, s'abstenaient des plaisirs grossiers des sens, et combattaient sans cesse, par la pratique de toutes les vertus, les plus grands ennemis de la patrie, les péchés capitaux, mille fois plus à craindre que les Prussiens et les Cosaques. Par là ils se sont procuré les choses nécessaires à la vie, et ensuite la paix d'une bonne conscience, avec l'espérance d'obtenir le bonheur du ciel.

M. Benoit : Pourquoi nous obliger à tant de fatigues et de peines pour gagner le ciel?

M. Valentin : C'est dans nos propres intérêts. Remarquez que Dieu n'est si grand que parce qu'il ne doit rien à personne, qu'il existe par lui-même, et qu'il est l'auteur de son propre bonheur. Or, il a voulu que l'homme fût le fils de ses œuvres, qu'il pût dire comme lui dans un certain sens : Je suis l'auteur de mon bonheur.

Deux hommes ont reçu la croix d'honneur, l'un uniquement par faveur, et l'autre par son mérite. Quelle est la plus honorable?

M. Benoit : C'est évidemment celle du dernier.

M. Valentin : Vous comprenez donc que c'est pour combler l'homme d'honneur et de gloire que Dieu l'oblige à mériter le ciel par son travail.

On dit que la noblesse est comme un prolongement de la royauté, ou une espèce d'adoption royale. Mais l'ouvrier chrétien est l'enfant adoptif de Dieu; sa noblesse est un prolongement ou plutôt une communication de la divinité. Pouvez-vous concevoir une noblesse plus élevée? Dieu peut-il élever les hommes plus haut, ou leur conférer des titres de noblesse plus glorieux qu'en les rendant participants de sa divinité et de toutes ses perfections divines? Ah! si les chrétiens avaient une foi vive à la parole de Dieu, non-seulement ils ne se plaindraient jamais du travail; mais ils remercieraient Dieu sans cesse de leur avoir imposé la loi du travail, qui est pour eux la source de tous le[illegible] pour la vie présente et pour la vie future.

Nancy. — Imp Sordoillet et Fil .

www.ingramcontent.com/pod-product-compliance
Lightning Source LLC
LaVergne TN
LVHW010040230826
846091LV00005B/1788
9782011776815